Dieses Lesehelden-Buch gehört

Text von Ann Harth
Illustrationen von Martin Remphry

Lektor der Reihe: Deborah Smith
Pädagogische Beratung: Monica Hughes
und Anny Northcote, Bath Spa University

Queen Street House
4 Queen Street
Bath BA1 1HE, UK
Bitte bewahren Sie die Informationen in diesem Buch auch zur späteren Ansicht auf.
Übersetzung: Gisa Roudil d'Ajoux Hillebrand, Köln
Satz und Redaktion: trans texas publishing, Köln

ISBN 978-1-4075-2558-7
Printed in China

LESEHELDEN

Wir gewinnen die Meisterschaft

Parragon
Bath · New York · Singapore · Hong Kong · Cologne · Delhi · Melbourne

Das Kind beim Lesen unterstützen

Lesehelden heißt diese von Pädagogen entwickelte Kinderbuchreihe. Es gibt vier Lesestufen; **Stufe 4** ist für sichere Leser.

Jedes Buch der **Stufe 4** umfasst sechs Geschichten, die durch die Figuren, das Umfeld und das Thema miteinander verbunden sind. Am Ende des Buchs werden Fragen zu den Geschichten gestellt und Schlüsselwörter wiederholt.

Stellen Sie sicher, dass Ihr Kind einen ruhigen und gemütlichen Ort zum Lesen hat. Auch wenn Ihr Kind allein liest, sollten Sie mit ihm über die Geschichten sprechen. Und vor allem: Sparen Sie nicht mit Lob!

★ Lesen Sie die Geschichten gemeinsam mit dem Kind, und lassen Sie es nach Möglichkeit einige Abschnitte selbst lesen.

★ Helfen Sie bei unbekannten Wörtern, indem Sie das Kind dazu ermutigen, sich die Bedeutung aus dem Satzzusammenhang zu erschließen.

★ Ermuntern Sie das Kind, auch leise für sich selbst zu lesen.

★ Sprechen Sie mit dem Kind über seine Lieblingsgeschichte, und vergleichen Sie sie mit anderen Geschichten aus dem Buch.

Inhalt

Daniel Sophie

Basketball: Zu klein?

Frau Reinhard klatschte in die Hände. „Wir haben ab heute zwei neue Mitschüler", sagte sie. „Daniel? Sophie? Kommt doch bitte mal her."

Daniel und seine Schwester traten unter dem Basketballkorb hervor und gingen über den Holzboden.

Sie stellten sich neben Frau Reinhard und sahen ihre neuen Klassenkameraden an. Und die Klasse sah sie an.

„Das sind Daniel und Sophie Lutz“, stellte Frau Reinhard die beiden vor. „Sie sind Zwillinge.“

Frau Reinhard wandte sich an Sophie. „Wir haben mehrere Sportmannschaften in der Grundschule Lindenstraße, Sophie. Was ist denn dein Lieblingssport?“

„Fußball“, antwortete Sophie.

Einige Mädchen in der Reihe lächelten.

„Und wie sieht es mit dir aus, Daniel?“, fragte Frau Reinhard.

Daniel sah zum Korb hoch. Er würde alles dafür geben, um in der Basketball-Schulmannschaft mitspielen zu dürfen.

„Ich mag Basketball“, stammelte er.

Frau Reinhard nickte, aber irgendwo aus der Klasse kam leises Gelächter und Geflüster.

„Du bist zu klein für Basketball!“, rief ein Junge.

Daniel wurde rot vor Zorn.

„Ist er nicht!“, erwiderte Sophie. „Er spielt immer mit unserem großen Bruder Markus!“

Frau Reinhard drehte sich zu dem Jungen um, der in die Klasse gerufen hatte. „Hol bitte den Sack mit den Bällen, Paul“, sagte sie. „Wir spielen heute Basketball.“

Bei dem Klang der hüpfenden Bälle beruhigte Daniel sich. Er stand mit den anderen in einer Linie und warf auf den Korb, wenn er an der Reihe war. Überall in der Halle flogen die Bälle herum, doch Daniel verfehlte sein Ziel nie.

Frau Reinhard pfiff. „Paul und Daniel, kommt doch bitte mal kurz zu mir.“

Die beiden standen vor ihrer Trainerin. Daniel war viel kleiner als Paul.

„Ich habe dich beobachtet, Daniel“, sagte sie. „Ich brauche noch einen Spieler für die Mannschaft.“ Sie warf ihm den Ball zu.

„Wenn du über Paul hinweg einen Korb wirfst, bist du aufgenommen.“

Paul lachte. „Bereit, Kleiner?“, fragte er und breitete seine Arme aus.

Die Klasse war mucksmäuschenstill, als Daniel sich auf Zehenspitzen stellte, um über die Schulter des so viel größeren Jungen schauen zu können. Der Korb schien so weit weg. Er holte tief Luft.

„Na los, du kannst Paul schlagen!“, rief Sophie.

Paul ruderte mit den Armen. „Komm schon, Kleiner, beweg dich!“

Und Daniel bewegte sich.

Er dribbelte den Ball und tauchte unter Pauls Arm hinweg. Er stürmte auf den Korb zu, doch Paul sprang vor ihn. Um den Ball mit seinem Körper zu schützen, drehte Daniel Paul den Rücken zu und sprintete vom Korb weg.

Sein Kopf arbeitete rasend schnell, und seine Füße konnten kaum folgen, als Daniel sich eine neue Strategie ausdachte.

Markus hatte ihm einen neuen Bewegungsablauf beigebracht. Vielleicht würde es damit ja klappen. Aber könnte er ihn auch wirklich ausführen?

Daniels Muskeln waren angespannt, die Schritte hinter ihm wurden schneller und kamen immer näher. Als es sich so anhörte, als würde Paul voll auf ihn zusprinten, sprang Daniel zur Seite und wirbelte herum. Er stürmte auf den Korb zu.

Daniel warf den Ball, gerade als Paul neben ihm zum Stehen kam. Beide beobachteten, wie der Ball in Richtung Korb flog. Der Ball tanzte auf dem Korbrand, berührte ihn zweimal, bevor er durch das Netz zu Boden fiel.

„Glaubst du immer noch, dass er zu klein ist, Paul?“, fragte jemand.

Paul hob den Ball auf und reichte ihn Daniel. „Willkommen in der Mannschaft“, sagte er mit einem Grinsen.

Mädchenfußball: Mannschaftsgeist

„Hallo, Sophie! Bist du bereit für dein erstes Spiel?“, rief Amelie, der Kapitän der Fußballmannschaft der Grundschule Lindenstraße.

„Ich denke schon“, erwiderte sie. „Wie spielt denn die Mannschaft der Grundschule Eichenstraße so?“

„Sie ist eine der besten Mannschaften“, antwortete Amelie. „Das wird bestimmt ein spannendes Spiel!“

Sophie blickte sich flüchtig um. Es waren viele Zuschauer gekommen! Ihr Magen krampfte sich zusammen.

„Hallo! Sophie!“, rief jemand von der Seite.

Sophie entdeckte ihren Bruder. Sie lächelte und winkte. Daniels Anwesenheit ließ sie gleich ruhiger werden. Sie lief auf das Spielfeld und nahm ihre Position ein.

„Vorwärts, Lindenstraße!“, rief Amelie.

Frau Reinhard platzierte den Ball auf der Mittellinie und trat zurück. Die Lindenstraße hatte den Anstoß.

Amelie rannte auf den Ball zu und passte ihn zu Linda. Das Spiel hatte begonnen!

Der Ball war wie ein Komet, so wie er gedribbelt wurde und wie die Mädchen ihn sich zuspielten. Sobald Sophie mitten im Spiel war, hatte sie vergessen, dass sie eigentlich Lampenfieber hatte.

„Julia!“, Sophie passte ihr den Ball zu und beobachtete dann, wie Julia ihn über die Torfrau hinweg ins Tor schoss.

Frau Reinhard pfiff. „Tor!“, rief sie.

Die erste Halbzeit verging rasch. Sophie schoss, blockte und verteidigte. Sie war immer an der richtigen Stelle, um den Ball der Spielmacherin zuzuspielen.

Am Ende der ersten Halbzeit war die Lindenstraße mit einem Tor in Führung.

Es stand 3:2.

Sophie winkte Daniel zu, als die zweite Halbzeit begann. Sie war froh, dass er zuschaute. Sie wünschte, sie könnte auch ein Tor schießen. Dann würde sie sich wirklich als Teil der Mannschaft fühlen.

Das Spiel ging weiter. Die Eichenstraße machte noch ein Tor, der Spielstand war 3:3. Es blieben nur noch fünf Spielminuten, und die Lindenstraße hatte Anstoß.

Sophie wischte sich mit ihrem Trikot über Gesicht und Hände. Sie brauchten noch ein Tor. Würden sie das schaffen?

Amelie schoss, und Julia rannte hinter dem Ball her, aber eine Stürmerin der Eichenstraße konnte den Ball erobern und dribbelte ihn über das Spielfeld.

Sophie sprintete hinter der Stürmerin her. Ihre Füße stampften über den Rasen. Sophie lief zur Höchstleistung auf und rannte noch schneller. Sie rückte auf und berührte den Ball gerade noch so mit der Fußspitze. Er trudelte zur Seite, wo Julia schon bereitstand.

Julia dribbelte den Ball zurück zum Eichenstraßentor. Sophie raste quer über das Spielfeld hinter ihr her.

„Sophie!" Julia passte den Ball zu Sophie. Sophie dribbelte ihn einige Schritte lang, war jedoch nicht nah genug am Tor, um zu schießen. Sie hielt Ausschau nach einer frei stehenden Mitspielerin.

„Hier, Amelie!" Sophie spielte dem Mannschaftskapitän den Ball zu, und Amelie kickte ihn ins Tor.

„Tor!", rief Frau Reinhard. „Die Lindenstraße hat gewonnen!"

Sophie lief los, um Amelie gemeinsam mit den anderen hochleben zu lassen. Doch plötzlich hielt sie inne. Die übrige Mannschaft kam auf sie zugelaufen!

„Was macht ihr denn?“, fragte Sophie, als die Mädchen sie lächelnd umringten.

„Für ein Tor braucht man mehr als nur eine Spielerin, Sophie“, lachte Amelie, und schon hob die Mannschaft sie in die Luft. „Du warst schließlich an allen Toren beteiligt!“

Schwimmen: Perfekte Wende

„Was macht dein Schwimmtraining?“, fragte Sophie ihren Bruder beim Frühstück.

Daniel zuckte mit den Schultern. „Ich werde einfach nicht schneller, und die Schulmeisterschaften sind schon in drei Wochen.“

Er nahm seinen Ranzen.

„Christoph Hart ist sehr gut“, bemerkte Sophie. „Du hast ein hartes Stück Arbeit vor dir, wenn du ihn schlagen willst.“

„Ich weiß“, erwiderte Daniel, als er zum Schwimmbad aufbrach. „Er trainiert, wie ich auch, jeden Morgen.“

Sophie frühstückte weiter. Daniel wollte unbedingt über 200 Meter Freistil siegen, denn er wollte den Preis gewinnen: vier Freikarten für den neuen Piratenfilm. Aber das wollte Christoph Hart natürlich auch.

Daniel zitterte, als er am Beckenrand stand und die Zehen darumkrallte.

Christoph zog bereits seine Bahnen im Wasser.

Daniel nahm einen tiefen Atemzug und machte einen Kopfsprung. Zunächst schwamm er langsam, aber als seine Muskeln sich erwärmten, schwamm er immer schneller. Einige Male überholte er Christoph, doch genauso oft überholte Christoph ihn.

„Daniel!“, hörte er eine Stimme. Es war Sophie. „Was machst du hier?“, fragte er.

Sophie ließ ihre Füße ins Wasser baumeln. „Ich wollte dich mal trainieren sehen“, erwiderte sie.

Daniel seufzte. „Ich glaube, ich verliere zu viel Zeit beim Wenden“, sagte er.

Sophie sah zu Christoph hinüber. Sie beobachtete, wie er am Ende der Bahn ankam, herumrollte und sich an der Wand abstieß. „Mensch“, pfiff sie durch die Zähne. „Hast du das gesehen?“

Daniel guckte Christoph hinterher, wie er auf die andere Seite des Beckens schwamm. „Was denn?“

„Christophs Wenden sind perfekt“, sagte sie. „Er bremst kaum ab. Sieh doch.“

Christoph legte die nächste schnelle Wende hin und kam auf sie zu.

Daniel blieb ganz ruhig und studierte Christophs Beinschlag. „Wenn er seine Beine gerader hielte und die Füße mehr strecken würde, wäre er noch schneller."

Sophie nickte. „Wenn du deine Wende verbesserst, schwimmst du auch schneller."

Christoph erreichte das Ende der Bahn.

Daniel legte die Hände an den Mund und brüllte: „Christoph!"

Christoph stoppte. Er schüttelte sich das Wasser aus den Haaren und schaute zu den Zwillingen hinüber.

„Ich habe eine Idee", sagte Daniel zu ihm. „Ich helfe dir, deinen Beinschlag zu verbessern, und du hilfst mir bei der Wende."

Christoph war sich zunächst unsicher. Doch dann zog er sich aus dem Becken und setzte sich auf den Rand. „Hört sich eigentlich ganz gut an“, grinste er.

Schwimmmeisterschaften

Kurz darauf fanden die Schwimmmeisterschaften statt.

„Und nun 200 Meter Freistil“, kündigte Frau Reinhard an. „Schwimmer, auf die Plätze.“

Daniel nahm seinen Platz auf dem Startblock ein und Christoph seinen.

Der Pfiff ertönte, und Daniel sprang ins Wasser. Er schwamm durch das Becken und dachte an Christophs Ratschlag: Er musste näher an die Wand heranschwimmen, bevor er wendete, damit er sich kräftiger abstoßen konnte.

Er schwamm so nah wie möglich an die Wand, machte dann seine Rollwende und stieß sich mit aller Wucht ab. Christoph war auf der Bahn rechts neben ihm. Dank Daniels Rat hatte er seinen Beinschlag verbessert, sodass er schneller wurde.

Daniel kämpfte noch härter. Doch er konnte Christoph einfach nicht abschütteln. Der lag gleichauf mit ihm – Bahn für Bahn.

Schließlich schlug Daniel an. Der Wettkampf war vorbei. Er hing erschöpft am Beckenrand, genau wie Christoph.

Wer war denn nun der Sieger?

Frau Reinhard schaute auf ihre Stoppuhr und ging mit einem breiten Lächeln auf die Jungen zu. „Ihr habt alle beide eine neue persönliche Bestzeit geschwommen!“, teilte sie ihnen mit. „Und ihr beide haltet jetzt den neuen Rekord!“

„Alle beide?“, fragte Christoph.

„Waren wir zeitgleich?“, fragte Daniel.

„So ist es“, erwiderte Frau Reinhard. „Herzlichen Glückwunsch! Ihr habt den Preis geholt. Zwei Kinokarten für jeden. Gut gemacht, Jungs!“

Leichtathletik: Überraschungssiegerin

„Oh nein! Wir sind mit Jasmin in einer Mannschaft“, flüsterte Paul Daniel und Sophie zu. „Sie ist hoffnungslos schlecht.“ Die Klasse sollte Basketball spielen.

Sophie runzelte die Stirn. „Gib ihr eine Chance“, sagte sie.

Als sie zu ihrer Mannschaft ging, starrte Jasmin auf ihre Schuhe.

Frau Reinhard hielt den Basketball hoch. „Seid ihr so weit?“, fragte sie. Dann pfiff sie.

Während des Spiels beobachtete Sophie, dass Jasmin dem Ball auswich.

Doch als das Spiel schon fast zu Ende war, rief Daniel: „Jasmin! Du stehst dem Korb am nächsten!“, und warf ihr den Ball zu.

„Fang ihn!“, schrie Paul.

Jasmin rannte nach vorne und streckte ihre Arme aus.

Sophie hielt die Luft an.

Der Ball rutschte Jasmin durch die Hände und fiel zu Boden.

Samuel von der gegnerischen Mannschaft schnappte ihn sich und sprintete zur anderen Seite des Spielfeldes. Er schleuderte den Ball in die Luft, und der fiel sauber durch das Netz.

„Treffer!“, freute sich seine Mannschaft.

Frau Reinhard pfiff. Das Spiel war vorbei.

Sophie beobachtete Jasmin, wie sie traurig aus der Sporthalle stapfte. „Kopf hoch, Jasmin“, ermunterte sie sie. „Es soll doch einfach nur Spaß machen.“

„Ich weiß“, erwiderte Jasmin ruhig. „Aber ich bin einfach ein hoffnungsloser Fall.“ Sie zuckte mit den Schultern und ging.

„Hast du von dem Sponsorenlauf gehört?“, fragte Daniel Sophie auf dem Heimweg. „Dafür musst du Sponsoren finden und dann Runden auf der Aschenbahn des Sportplatzes drehen.“

In diesem Moment kam Jasmin mit ihrem Bruder um die Ecke gefegt.

Beide trugen Rucksäcke voller Zeitungen auf ihrem Rücken.

Mit großen Augen blieb Sophie stehen. „Sieh mal!“, staunte sie. „Wie schnell Jasmin laufen kann!“

„Vielleicht sollte sie am Sponsorenlauf teilnehmen“, meinte Daniel.

Sophie nickte und lief hinter Jasmin her. „Jasmin!“, rief sie.

Jasmin blieb stehen, damit Sophie und Daniel sie einholen konnten.

„Mann, bist du schnell!“, japste Sophie.

Jasmin zuckte mit den Schultern. „Wir laufen, damit wir das Zeitungaustragen schnell hinter uns bringen“, erwiderte sie.

„Tja, wir finden, du könntest beim Sponsorenlauf mitmachen“, sagte Daniel.

Jasmin guckte überrascht. „Aber ich bin furchtbar schlecht in Sport“, sagte sie.

„Du läufst schnell, und das ist auch ein Sport“, widersprach Sophie ihr.

Daniel strich über Jasmins Rucksack. „Denk mal drüber nach“, bat er sie.

Jasmin scharrte mit den Füßen und sah zu Boden. „Ich überleg's mir", antwortete sie.

Am Morgen des Sponsorenlaufs gingen Sophie und Daniel mit den anderen Läufern an den Start.

Daniel stieß Sophie an. „Jasmin ist auch da", sagte er und zeigte auf die weiter entfernten Läufer.

Sophie lächelte. „Großartig!", freute sie sich. „Ich habe so gehofft, dass sie kommt."

„Fertig, ihr Läufer?", rief Frau Reinhard. „Ihr habt eine Stunde."

Der Startpfiff ertönte.

Sophie und Daniel liefen los. Nur wenige Sekunden später flog Jasmin an ihnen vorbei.

Nach 30 Minuten hatte schon die Hälfte der Läufer aufgegeben. Nach 50 Minuten gab es nur noch wenige Läufer. Und vorneweg lief immer noch Jasmin.

Frau Reinhard pfiff. „Die Stunde ist um!", verkündete sie.

Jasmin kam und ließ sich neben Sophie und Daniel ins Gras sinken. „Ihr habt recht!", strahlte sie. „Laufen ist ein Sport, der mir liegt."

„Läufer, sammelt euch mal, bitte!“, rief Frau Reinhard.

„Ihr seid alle sehr gut gelaufen“, sagte sie, „aber die meisten Runden hat gelaufen … na, wer wohl? Jasmin!“

Alle jubelten und klatschten.

„Jasmin hat uns hier gezeigt, was in ihr steckt, und ich hoffe, sie wird sich unserer Leichtathletikmannschaft anschließen“, fügte Frau Reinhard noch hinzu.

Snowboarden: Ein großer Spaß

Am letzten Schultag vor den Winterferien waren Sophie und Daniel ganz aufgeregt.

„Wir machen in den Ferien einen Snowboard-Kurs“, berichtete Sophie ihren Klassenkameraden.

„Ich auch“, sagte Paul.

„Und was hast du vor, Amir?“, fragte Daniel.

„Lass mich raten“, unterbrach Paul ihn. „Computerspielen – oder, Amir?“

Amir sah von seiner Arbeit hoch und grinste. „Richtig geraten“, antwortete er. „Wintersport ist nichts für mich. Während ihr drei eure Pisten hinabrutscht, mache ich es mir nett und gemütlich – und spiele Snowboard-Safari auf meinem Laptop!“

Bald darauf fand die erste Snowboard-Kursstunde statt. Daniel und Sophie setzten ihre Schneebrillen und Mützen auf, zogen ihre Handschuhe an, griffen sich ihre Snowboards und stapften nach draußen.

Eine kleine Gruppe hatte sich dort versammelt, und ein Mann mit einem Block in der Hand rief Namen auf.

„Daniel und Sophie Lutz?“

„Hier!“, antworteten Daniel und Sophie.

„Paul Watten?“

„Hier!“, rief Paul zurück.

„Amir Mahmud?“

Daniel und Sophie sahen sich an.

„Amir Mahmud?“, wiederholte der Kursleiter.

„Ich bin hier“, sagte Amir. Er stand direkt neben den Zwillingen.

„Ich dachte, Wintersport wäre nicht dein Ding“, flüsterte Daniel.

„Ist es auch nicht“, flüsterte Amir gereizt zurück. „Meine Eltern wollten nicht, dass ich die Ferien vor dem Computer verbringe, und haben mir deshalb den Kurs als Überraschung geschenkt.“

Die Kursteilnehmer verbrachten die nächste Stunde auf ein und derselben Stelle. Sie lernten, auf dem Snowboard zu stehen, das Gleichgewicht zu halten und das Körpergewicht richtig zu verlagern.

„Seid ihr bereit, eure erste kleine Abfahrt zu wagen?“, fragte der Kursleiter.

„Ja!“, riefen die meisten.

„Noch nicht ganz“, murrte Amir.

Sie folgten dem Kursleiter zum Lift.

„Sophie, du zuerst“, sagte der Kursleiter. „Greif das Seil, lehn dich zurück, und schon wirst du nach oben gezogen.“

Oben angekommen, standen Daniel, Sophie, Amir und Paul nebeneinander.

„Bereit?“, fragte Daniel.

„Es sieht so steil aus“, erwiderte Amir.

Sophie richtete ihr Snowboard aus und ging in die Knie. Daniel und Paul taten es ihr nach. Amir schaute lediglich zu.

„Auf geht’s!“, rief Sophie.

Sie glitt ein paar Meter und fiel dann rückwärts in den Schnee.

Paul flitzte an ihr vorbei. „Ich bin viel zu schnell!“, kreischte er. Plötzlich driftete er seitlich ab und purzelte in den Schnee.

„Nicht noch mal!“, rief Sophie.

Daniel lachte und drehte sich dann zu Amir. „Jetzt sind wir dran!“, sagte er.

Doch Amir schüttelte den Kopf. „Gleich“, erwiderte er.

Daniel stieß sich ab und fuhr zu Sophie. Zusammen rutschten, stolperten und rollten sie den Abhang hinunter.

„Los, lass uns noch mal fahren!“, rief Sophie. Als sie wieder oben waren, stand Amir immer noch dort.

„Na, los, Amir“, meinte Sophie. „Wir können es doch alle nicht!“

Amir lächelte unsicher. Er machte einen Schritt nach vorne. „Tja, wenn ihr den Abhang runterfallen könnt, kann ich es

ja wohl auch.“ Er richtete sein Board aus, beugte die Knie und begann zu rutschen.

„Ja, genau so, Amir!“, rief Daniel.

„He, Amir!“, schrie Sophie. „Du bist ja weiter gefahren als ich!“

Doch da rutschte Amir von seinem Snowboard in den Schnee.

„Ups! Er ist runtergefallen“, bemerkte Daniel.

Daniel und Sophie hielten auf Amir zu, um ihm hochzuhelfen. Doch sie waren zu langsam. Als sie die Stelle erreichten, wo er gefallen war, stand er bereits wieder auf seinem Board und war schon die Hälfte des Abhangs hinabgesaust.

Die letzten Meter rutschte Sophie auf den Knien. Daniel fuhr gegen sie, sie fielen um und lachten sich kaputt.

Amir kam zu ihnen. „Das ist viel besser als Snowboard-Safari“, grinste er. „Worauf wartet ihr noch? Los, auf ein Neues!“

Eislaufen: Leas Geheimnis

„Kommst du heute Abend zur Schuldisco, Lea?“, fragte Sophie ihre Mitschülerin.

„Ich kann nicht“, murmelte Lea. Sie zog ein Buch aus ihrem Ranzen und begann zu lesen.

„Ich verstehe das nicht“, sagte Sophie nach Schulschluss zu Daniel. „Warum macht Lea nie bei irgendetwas mit?“

Daniel schüttelte den Kopf. „Vielleicht ist sie schüchtern. Sollen wir sie zu unserer Geburtstagsfeier einladen?"

„Ich kann nicht", antwortete Sophie. „Du weißt doch, dass Mama gesagt hat, jeder darf nur vier Kinder einladen, und ich habe schon vier eingeladen. Wie steht's denn mit dir?", fragte sie.

„Ich auch", erwiderte Daniel.

„Wir gehen alle zusammen eislaufen, nicht wahr?", fragte Sophie.

„Ja, richtig", grinste Daniel. „Ich hoffe, ich habe den Dreh dabei schnell raus", fügte er hinzu. „Sonst wird es nachher eine richtig blöde Party!"

Der Geburtstag war gekommen. Daniel, Sophie und ihre Freunde wackelten auf das Eis. Sophies Knöchel knickte nach innen weg, und sie klatschte gegen die Bande.

Rums!

Sie drehte den Kopf in die Richtung, aus der das Geräusch gekommen war, und lachte, als sie ihren Bruder über die Eisfläche rutschen sah. „Daniel, was machst du denn da unten?“, scherzte sie.

Daniel griff oben an die Bande und zog sich hoch. Doch seine Schlittschuhe gerieten über Kreuz und …

Padauz! Schon lag er wieder da.

Weiter hinten auf dem Eis begann eine Eisläuferin, sich langsam zu drehen. Sophie sah, wie das Mädchen sich immer schneller drehte, bis nur noch ein grauschwarzer Wirbelwind zu sehen war.

Als die Eisläuferin schließlich ihre Pirouette beendete, staunte Sophie nicht schlecht. „Guck mal, Daniel!“, sagte sie.

Daniel drehte sich um, um zu sehen, wohin Sophie zeigte. „Ist das etwa Lea?“, fragte er und klang dabei genauso überrascht wie Sophie.

Sophie nickte.

Sie beobachteten, wie Lea sprang und sich drehte. Ein Mann stand in ihrer Nähe und gab ihr Anweisungen.

„Total cool!“, staunte Daniel.

Der Mann entfernte sich, und Lea blieb allein zurück.

Sophie kam eine Idee. Sie schob sich schwankend über das Eis zu Lea.

„Hallo, Lea“, rief sie.

Lea wandte sich überrascht um. „Oh, hallo, Sophie“, erwiderte sie. Sie griff Sophies Hände, damit sie nicht stürzte.

„Daniel und ich feiern unsere Geburtstage hier“, sagte Sophie. „Aber im Gegensatz zu dir können wir nicht eislaufen. Du bist super!“

Lea wurde rot. „Danke schön“, antwortete sie sanft. „Mein Vater hat es mir beigebracht. Er ist mein Trainer.“

„Du trainierst oft“, vermutete Sophie.

Lea nickte. „Ja, das tue ich. Mein Vater hat einen strengen Trainingsplan für mich erstellt.“

Auf der anderen Seite der Eisfläche ertönte ein Schrei, gefolgt von einem dumpfen Aufschlag.

„Oh, das muss wehgetan haben!“, meinte jemand.

Sophie und Lea schauten dorthin und entdeckten einen auf dem Eis sitzenden Daniel. Sie lachten. Dann war von der anderen Seite der Eisfläche wieder ein Schrei zu hören. Dieses Mal war Paul gestürzt und rutschte über das Eis.

„Ähm, Lea“, sagte Sophie. „Vielleicht kannst du uns zeigen, wie es geht?“

Lea sah auf ihre Schlittschuhe. „Das würde ich ja gern“, erwiderte sie, „aber erst muss ich meinen Vater fragen.“

„Da kommt er“, sagte Sophie.

„Papa, das ist Sophie aus meiner Schule“, stellte Lea Sophie vor. „Ähm, kann ich ihr und ein paar anderen ein bisschen eislaufen beibringen?“, fragte sie.

„Und was ist mit deinem Training?“, entgegnete ihr Vater als Antwort.

Nach einer kurzen Pause antwortete Lea: „Ich trainiere gerne, aber ich bin auch gerne mit meinen Freunden zusammen.“

Ihr Vater lächelte. „Na, dann geh mal. Wir trainieren später weiter“, sagte er.

„Super! Danke, Papa!“ Lea strahlte. Sie hielt Sophie ihren Arm hin. „Los, Sophie, lass uns beginnen!“

Was hast Du gelernt?

Kurzes Quiz

Prüf, wie gut Du die Geschichten verstanden hast!

Basketball: Zu klein?

★ Wie heißt Daniels und Sophies neue Schule?

★ Welchen Sport treibt Daniel mit seinem großen Bruder Markus?

Mädchenfußball: Mannschaftsgeist

★ Wie ist der Spielstand nach der ersten Halbzeit?

★ Wer schießt das entscheidende Tor?

Schwimmen: Perfekte Wende

★ Wer gewinnt den Schwimmwettkampf?

★ Welchen Preis gibt es?

Leichtathletik: Überraschungssiegerin

- ★ Welche Arbeit verrichtet Jasmin jeden Tag?
- ★ Wie lange dauert der Sponsorenlauf?

Snowboarden: Ein großer Spaß

- ★ Was hat Amir in den Winterferien vor?
- ★ Wer fährt den Hang als Erster herunter?

Eislaufen: Leas Geheimnis

- ★ Welche Schulveranstaltung verpasst Lea?
- ★ Wie viele Gäste dürfen Daniel und Sophie einladen?

Buchstabensalat

Kannst Du den Buchstabensalat aus den Geschichten entwirren? Die nachstehenden Bilder und Definitionen helfen Dir dabei.

BLLATBSKEA ANHHEHUDSC

SNECRLHILEBE TREINTSIRTTKAE

SLUHLENTOSCHE

etwas, das die Hände im Winter wärmt

ein rundes Ding, das durch einen Korb geworfen wird

Fußbekleidung für Fußballspieler

ein Gegenstand, der deine Augen im Winter schützt

ein Stück Papier, mit dem Du einen Film, ein Spiel, ein Konzert oder eine andere Veranstaltung besuchen kannst

Wörtersuche

Alle diese Wörter kommen in den Geschichten vor.
Such sie in dem nachstehenden Rätsel.

UNTER
BEIDE
LACHTEN
WÄHREND
AUGEN
HALBE
STÜRZTE
TRAURIG
TOR
GLAUBE

D	H	G	H	J	K	K	A	O	B
B	A	T	W	E	E	N	U	I	R
G	L	A	U	B	E	S	G	G	W
T	B	L	A	C	H	T	E	N	Ä
H	E	D	U	R	I	Ü	N	O	H
S	D	T	R	A	U	R	I	G	R
H	E	O	D	C	K	Z	R	T	E
A	C	R	B	N	A	T	D	F	N
L	Q	B	E	I	D	E	P	K	D
F	S	D	N	U	U	N	T	E	R

Nun prüf, ob Du sie alle buchstabieren kannst.

Weitere Bücher in dieser Reihe

★ Stufe 1 – Erstes Selberlesen
Die lustige Baustelle
Die kleinen Wetterfeen
Spaß auf dem Weidenhof
Katis Zoohandlung
Die fröhliche Tierschule

★ Stufe 2 – Leseanfänger
Abenteuer im Urlaub
Retter in der Not
Die Zauberhüte
Ballettschule Sternenlicht
Die Kinder von der Nussbaumschule

★ Stufe 3 – Geübte Leser
Mondkolonie Eins
Die Pyjamaparty
Die Spürnasen
Fleißige Helfer
Alle an Bord!

★ Stufe 4 – Lesehelden
Meine Mama ist eine Geheimagentin
Club der Törtchen
Einmal um die Welt
Leons Abenteuerreise
Wir gewinnen die Meisterschaft